하루 10분 맞춤법 따라쓰기

4단계 재미있는 우리말

키즈키즈 교육연구소 지음

KB021183

미래주니어

차례

ㄱ, ㄴ 으로 시작하는 우리말

ㄷ, ㅁ 으로 시작하는 우리말

ㅂ, ㅅ 으로 시작하는 우리말

예문 따라쓰기로
아름다운 우리말과
맞춤법을 익혀 보세요!
따라 쓴 낱말에는
☑표시하세요~

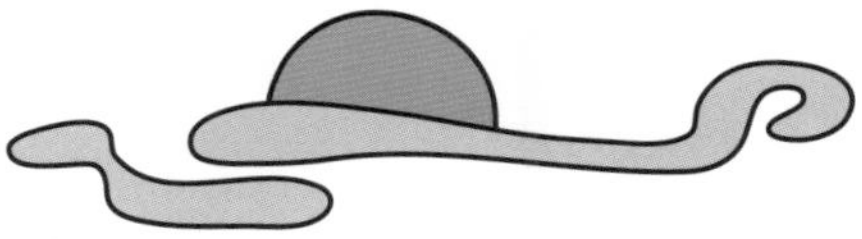

ㅇ, ㅈ으로 시작하는 우리말

ㅊ, ㅌ, ㅍ, ㅎ으로 시작하는 우리말

머리말

하루 10분 따라쓰기로 예쁜 글씨체와 국어 실력을 키워요!

아름답고 재미있는 우리말 100개를 익혀 보세요.

〈하루 10분 맞춤법 따라쓰기-4단계 재미있는 우리말〉은 생활 속에서 쓸 수 있는 예쁜 우리말을 소개했습니다. 초등학생이 활용할 수 있는 우리말 100개를 선별해 예문과 함께 실었습니다.

가람, 곰비임비, 길섶, 꽃구름, 먼지잼, 여울, 잠포록하다, 하늬바람 등 소리 내어 읽어도 예쁜 우리말이 많습니다. 우리말에는 고운 마음과 풍부한 감성이 그대로 담겨 있습니다. 우리말을 따라 쓰며 아름다운 마음과 올곧은 생각을 길러 보세요.

이 책에는 우리말 100개에 담긴 뜻과 같은 말, 비슷한 말, 반대말도 함께 정리했습니다. 생활 속에서 쓸 수 있는 예문을 통해 자연스럽게 우리말을 익힐 수 있습니다.

바른 글씨체 연습으로 예쁜 글씨를 만들어 줍니다.

한글을 익히는 연령이 점점 낮아지면서 글자를 익히는 데만 집중하다 보니 바른 글씨체를 갖는 것에 소홀히 하는 경우가 많습니다. 하지만 한 번 익힌 글씨체는 쉽게 고쳐지지 않으며, 어릴 때 글씨체를 바로잡지 않으면 자라서도 글씨체를 고치기가 힘이 듭니다. 또 사람들 앞에서 글씨 쓰는 것을 부끄러워하거나 악필이라는 핸디캡을 갖기도 합니다.

ㄱㄴㄷㄹ

처음부터 바르게 익힌 예쁜 글씨체는 평생 훌륭한 자산이 됩니다. 〈하루 10분 초등 따라쓰기〉 시리즈는 어린이들에게 따라쓰기를 하며 자연스럽게 바르고 예쁜 글씨체를 익히도록 도와줍니다.

'쓰기'는 초등 학습의 기본이 되는 교육 중 하나입니다.

초등학교에 입학하면 읽기, 쓰기, 말하기는 가장 기본적인 학습입니다. 자신의 생각을 바르게 전하기 위해서 바른 글씨체를 익히는 것은 필수입니다. 또한 글씨를 잘 쓰면 어릴 때나 어른이 되어서도 주변 사람들의 관심을 받게 되고, 자신감도 갖게 됩니다. 뿐만 아니라 글씨를 한 자 한 자 바르게 따라 쓰다 보면 산만한 마음을 가라앉게 해 주며, 집중력도 함께 길러져 학습에 필요한 기본기를 탄탄하게 다져 줍니다.

꾸준히 따라쓰기를 할 수 있도록 격려해 주세요.

따라쓰기는 처음부터 욕심을 내어 하루에 여러 장을 쓰지 않도록 합니다. 한 번에 많이 쓰는 것보다 매일 꾸준히 쓰는 연습을 하는 것이 바른 글씨체와 맞춤법을 익히는 데 더욱 효과적입니다.

'칭찬은 고래도 춤추게 한다.'는 말이 있습니다. 부모의 말 한마디에 아이는 자신감을 가지고 꾸준히 학습할 수 있는 용기를 얻습니다. 작은 변화에도 관심을 가져 주고 아낌없이 칭찬해 주어야 합니다.

01 가댁질

가댁질은 아이들이 서로 피하고 잡고 하며 노는 장난을 말해요.
규칙이 없이 잡고 피하는 아이들의 단순한 놀이입니다.

바르게 따라 써 보세요.

운	동	장	에	서		가	댁	질	을	
운	동	장	에	서		가	댁	질	을	
하	며		놀	았	습	니	다	.		
하	며		놀	았	습	니	다	.		

아래 칸에 맞춰 써 보세요.

가댁질을 하며 놀았다.

가댁질을 하며 놀았다.

이럴 때 이렇게!

- 영수와는 어렸을 때 가댁질하며 지내던 친한 사이였는데, 어른이 된 후로 서먹해졌다.
- 할아버지를 보자 아이들은 가댁질하던 것을 멈추고 공손하게 인사를 했습니다.

02 가람

가람은 '강'의 옛날 이름이에요.
가람은 산골짜기에서 흘러 내려온 물이 여러 물줄기와 합해져
하나가 된 강물을 뜻해요.

바르게 따라 써 보세요.

가	람	은		흘	러		바	다	로	
가	람	은		흘	러		바	다	로	
나	아	갑	니	다	.					
나	아	갑	니	다	.					

아래 칸에 맞춰 써 보세요.

가람은 바다로 나아간다.

가람은 바다로 나아간다.

이럴 때 이렇게!

- 윗마을과 우리 마을 사이에는 큰 가람이 가로지르고 있습니다.
- 홍수로 가람이 넘치면서 마을이 물에 잠겼다.

03 가랑비

가랑비는 이슬비보다 좀 더 굵고 가늘게 내리는 비를 뜻하며,
실제 가랑비와 이슬비를 구분하기는 어려워요.

비슷한 말 **가랑눈 :** 조금씩 잘게 내리는 눈을 말하며, '가랑'은 매우 작은 것을 뜻해요.

바르게 따라 써 보세요.

등굣길에 가랑비가 내려 옷이 축축해졌다.

등굣길에 가랑비가 내려 옷이 축축해졌다.

아래 칸에 맞춰 써 보세요.

가랑비가 내렸다.

가랑비가 내렸다.

이럴 때 이렇게!

- 아침부터 가랑비가 내리기 시작하더니 오후에는 폭우가 쏟아졌다.
- 가랑비에 옷 젖는 줄 모른다더니, 어느새 모아 둔 돈을 다 써버렸잖아!

04 가풀막

가풀막은 비탈진 급경사길이에요.
가파르게 비탈진 오르막길과 내리막길을 뜻하지요.
이런 길을 보고 '가풀막지다'라고 표현합니다.

바르게 따라 써 보세요.

가	풀	막	진		길	을		따	라	
가	풀	막	진		길	을		따	라	
올	라	갔	습	니	다	.				
올	라	갔	습	니	다	.				

아래 칸에 맞춰 써 보세요.

가풀막진 길

가풀막진 길

이럴 때 이렇게!

- 이것은 가풀막을 기어올라 겨우 구해온 약초입니다.
- 저 가풀막진 고개를 오르려면 든든하게 먹어둬야 할 거야.

05 갈무리

갈무리는 일이나 물건 등을 잘 정리해 두는 것을 말해요.
즉 흐트러진 물건을 정리하거나 하던 일을 끝맺음하는 것도
'갈무리하다'라고 표현해요.

바르게 따라 써 보세요.

오	늘		수	업	은		여	기	에	서 ∨
오	늘		수	업	은		여	기	에	서
갈	무	리	하	겠	습	니	다	.		
갈	무	리	하	겠	습	니	다	.		

아래 칸에 맞춰 써 보세요.

수업을 갈무리하다.

수업을 갈무리하다.

이럴 때 이렇게!

- 흔히 가을을 갈무리의 계절이라고 합니다.
- 지금은 새로운 것을 찾기보다 모은 정보를 잘 갈무리하는 것이 중요하다.

06 개미장

개미장은 장마가 오기 전에 개미들이 줄지어 먹이를 나르는 일을 말해요.
개미가 먹이를 열심히 나르는 것은 궂은 날씨에 대비하는 것으로
개미장이 서면 곧 큰비가 온다고 해요.

바르게 따라 써 보세요.

개미장이 선 다음에

개미장이 선 다음에

장맛비가 내렸다.

장맛비가 내렸다.

아래 칸에 맞춰 써 보세요.

개미장이 서다.

개미장이 서다.

이럴 때 이렇게!

- 개미장이 선 것을 보니 곧 비가 오겠구나.
- 개미장을 보면서 작은 곤충들도 부지런히 자기 살 길을 찾는 것이 신기하기만 했다.

07 개숫물

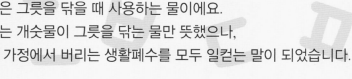

개숫물은 그릇을 닦을 때 사용하는 물이에요.
처음에는 개숫물이 그릇을 닦는 물만 뜻했으나,
지금은 가정에서 버리는 생활폐수를 모두 일컫는 말이 되었습니다.

바르게 따라 써 보세요.

개	숫	물	은		정	해	진		곳	에
개	숫	물	은		정	해	진		곳	에
만		버	려	야		해	요	.		
만		버	려	야		해	요	.		

아래 칸에 맞춰 써 보세요.

개숫물을 버리다.

개숫물을 버리다.

이럴 때 이렇게!

- 엄마는 개숫물에 젖은 손을 말리지도 못한 채 서둘러 나갔습니다.
- 누나의 도시락 통은 이미 개숫물에 담겨 있었습니다.

08 검기울다

검은 기운이나 먹구름이 퍼져서 해가 가려지고 날이 점점 어두워지는 것을 '검기울다'라고 말해요. 대낮에 검기울면 소낙비가 내리곤 해요. 또 해가 지면서 어스름해지는 것도 '검기울다'고 표현합니다.

바르게 따라 써 보세요.

하늘이 검기울더니 이내 비가 내렸다.

하늘이 검기울더니 이내 비가 내렸다.

아래 칸에 맞춰 써 보세요.

하늘이 검기울다.

하늘이 검기울다.

이럴 때 이렇게!

- 아버지는 창가에 서서 검기우는 하늘을 걱정스런 표정으로 지켜보았다.
- 날이 검기울기 시작했으니 어서 집으로 돌아가렴.

09 겨끔내기

겨끔내기는 어떤 일을 여러 사람이 서로 번갈아 하는 것을 말해요.
힘든 일은 여럿이 겨끔내기로 하면 쉽게 해낼 수 있지요.

바르게 따라 써 보세요.

너도나도 겨끔내기로

너도나도 겨끔내기로

질문을 했습니다.

질문을 했습니다.

아래 칸에 맞춰 써 보세요.

겨끔내기로 질문을 하다.

겨끔내기로 질문을 하다.

이럴 때 이렇게!

- 그 일이 있은 후, 마을 이장과 군수는 겨끔내기로 우리 집을 찾아왔다.
- 수업 시간에 창수와 민서는 겨끔내기로 떠들어 댔습니다.

10 고드름장아찌

고드름장아찌는 말이나 행동이 싱거운 사람을 놀리는 말이에요.
고드름을 간장에 절여 장아찌를 담그면 싱거운 물이 되지요.
이처럼 고드름장아찌는 싱거운 사람을 이르는 말이랍니다.

바르게 따라 써 보세요.

친구는 덩치만 큰 고

친구는 덩치만 큰 고

드름장아찌였다.

드름장아찌였다.

아래 칸에 맞춰 써 보세요.

친구는 고드름장아찌였다.

친구는 고드름장아찌였다.

이럴 때 이렇게!

- 실없이 농담을 일삼던 아저씨에게 고드름장아찌라는 별명이 붙었다.
- 우리 선생님은 깐깐하게 생긴 외모와 달리 성격은 고드름장아찌 같습니다.

11 곰비임비

곰비임비는 일이 계속해서 일어나거나 물건이 거듭 쌓이는 것을 뜻해요.
사람들이 어느 장소에 잇따라 도착할 때도 '곰비임비 도착하다'라고 씁니다.

반대말 **시나브로 :** '모르는 사이에 조금씩'이라는 뜻으로, 어떤 일이 느릿느릿 이루어지는 것을 말해요.

바르게 따라 써 보세요.

함	박	눈	이		내	려		곰	비	임
함	박	눈	이		내	려		곰	비	임
비		쌓	여		갔	다	.			
비		쌓	여		갔	다	.			

아래 칸에 맞춰 써 보세요.

함박눈이 곰비임비 쌓여 갔다.

함박눈이 곰비임비 쌓여 갔다.

이럴 때 이렇게!

- 한 해 동안 우리 집에는 좋은 일들이 곰비임비 일어났어요.
- 서랍에는 출장 간 아버지가 보낸 편지들이 곰비임비 쌓여 갔습니다.

12 글속

글속은 학문을 이해하는 정도를 뜻하는 말로,
'글속이 깊다', '글속이 뒤지다' 등으로 표현해요.

바르게 따라 써 보세요.

글속이 깊은 친구를

글속이 깊은 친구를

만났습니다.

만났습니다.

아래 칸에 맞춰 써 보세요.

글속이 깊은 친구

글속이 깊은 친구

이럴 때 이렇게!

- 밤낮으로 책을 읽는 유찬이는 글속이 깊다.
- 어머니는 남들보다 글속이 뒤지는 아들이 내심 걱정되었습니다.

13 길섶

길섶은 길의 가장자리를 뜻하며, 흔히 길 주변에 풀이 나 있는 가장자리 길을 말해요.
'갓길'을 제외한 모든 길의 가장자리는 길섶이에요.

비슷한 말 **갓길 :** 고속도로나 자동차 전용 도로에서 위급하거나 고장 난 차량을 위한 가장자리 길이에요.

바르게 따라 써 보세요.

길섶에 예쁜 코스모스

길섶에 예쁜 코스모스

가 피었어요.

가 피었어요.

아래 칸에 맞춰 써 보세요.

길섶에 코스모스가 피었다.

길섶에 코스모스가 피었다.

이럴 때 이렇게!

- 길섶에 핀 꽃들이 바람결에 흔들립니다.
- 더 이상 남은 힘이 없는 황소는 길섶에 풀썩 주저앉아 버렸다.

14 길짐승

길짐승은 땅을 기어 다니는 짐승을 말하며,
흔히 네 발을 가진 동물을 일컫는 말이에요.

반대말 **날짐승 :** 새처럼 날아다니는 짐승을 뜻해요.

바르게 따라 써 보세요.

길짐승의 발자국이 또

길짐승의 발자국이 또

렷이 남아 있었다.

렷이 남아 있었다.

아래 칸에 맞춰 써 보세요.

길짐승의 발자국

길짐승의 발자국

이럴 때 이렇게!

- 이보게, 밤중에 산에 갈 때는 길짐승을 조심해야 한다네.
- 면밀히 살펴본 결과, 길짐승이 한 짓은 아닌 것 같습니다.

15 까치발

까치발은 키를 높이기 위해 발뒤꿈치를 드는 것을 말해요.
어린아이들은 높은 곳에 손을 뻗기 위해 까치발을 하지요.

비슷한 말 **까치걸음 :** 아이들이 두 발을 모아서 종종 뛰거나 발뒤꿈치를 들고 살살 걷는 걸음이에요.

바르게 따라 써 보세요.

높	은		곳	은		까	치	발	을	
높	은		곳	은		까	치	발	을	
해	야		손	이		닿	는	다	.	
해	야		손	이		닿	는	다	.	

아래 칸에 맞춰 써 보세요.

높은 곳은 까치발을 해야 닿는다.

높은 곳은 까치발을 해야 닿는다.

이럴 때 이렇게!

- 수연이는 교실 상황을 살펴보기 위해 까치발을 하고 창문에 매달렸다.
- 아이는 까치발을 하고는 선반 위에 있는 사탕을 꺼내기 위해 안간힘을 썼다.

16 꽃구름

꽃구름은 여러 가지 빛을 띤 아름다운 구름이에요.
해가 뜨거나 해가 질 때처럼 빛과 어우러져 하늘을 수놓는
아름다운 구름을 말해요.

바르게 따라 써 보세요.

해가 지는 서쪽 하늘

해가 지는 서쪽 하늘

에 꽃구름이 생겼어요.

에 꽃구름이 생겼어요.

아래 칸에 맞춰 써 보세요.

서쪽 하늘의 꽃구름

서쪽 하늘의 꽃구름

이럴 때 이렇게!

- 꽃구름이 하늘을 아름답게 물들였습니다.
- 꽃구름이 가슴속에 들어앉은 것처럼 날아갈 듯한 기분이 들었다.

17 꽃보라

꽃보라는 떨어져서 바람에 날리는 많은 꽃잎을 뜻해요.
바람에 눈이 날리는 눈보라처럼 많은 꽃잎이 바람에 날리는 것을
꽃보라라고 합니다.

바르게 따라 써 보세요.

바	람	이		불	자		벚	꽃		길
바	람	이		불	자		벚	꽃		길
에		꽃	보	라	가		날	렸	다	.
에		꽃	보	라	가		날	렸	다	.

아래 칸에 맞춰 써 보세요.

벚꽃 길에 꽃보라가 날렸다.

벚꽃 길에 꽃보라가 날렸다.

이럴 때 이렇게!

- 벚꽃이 한창일 때는 마을 어귀에 꽃보라가 날린다.
- 바람이 부는 들판에 예쁜 꽃들이 꽃보라를 일으켰다.

18 꽃샘바람

꽃샘바람은 이른 봄에 꽃이 필 무렵 부는 찬바람을 말해요.
꽃이 피는 것을 시샘하는 바람이라는 뜻이에요.

같은 말 **소소리바람 :** 이른 봄에 부는 차고 매서운 바람을 뜻해요.

바르게 따라 써 보세요.

꽃샘바람에 겨울옷을

꽃샘바람에 겨울옷을

다시 꺼내 입었다.

다시 꺼내 입었다.

아래 칸에 맞춰 써 보세요.

꽃샘바람에 겨울옷을 입었다.

꽃샘바람에 겨울옷을 입었다.

이럴 때 이렇게!

- 봄이 오는 것을 시기라도 하듯 꽃샘바람이 불어온다.
- 바람은 쌀쌀한데 매섭지가 않은 것을 보니 꽃샘바람이 불어오나 보다.

19 나들목

드나들 때 거치게 되는 길목을 뜻하며,
고속도로에서 차들이 나가고 들어오는 '인터체인지'를 말해요.

바르게 따라 써 보세요.

고속도로의 나들목은

고속도로의 나들목은

정체가 심하다.

정체가 심하다.

아래 칸에 맞춰 써 보세요.

고속도로의 나들목

고속도로의 나들목

이럴 때 이렇게!

- 서울로 가려면 여주 나들목에서 고속도로를 타면 된다.
- 천안 나들목 부근에 극심한 교통 정체가 나타나고 있습니다.

20 나비눈

나비눈은 못마땅해서 눈을 굴려 보고도 못 본 척하는 눈짓을 말해요.
공연히 화난 척을 하며 눈을 굴려 새초롬한 표정으로 짓는 눈짓입니다.

비슷한 말 **나비잠 :** 아기가 두 팔을 머리 위로 벌리고 자는 잠을 뜻해요.

바르게 따라 써 보세요.

나	비	눈	을		하	는		동	생	이 ∨
나	비	눈	을		하	는		동	생	이
귀	엽	기	만		합	니	다	.		
귀	엽	기	만		합	니	다	.		

아래 칸에 맞춰 써 보세요.

나비눈을 하는 동생이 귀엽다.

나비눈을 하는 동생이 귀엽다.

이럴 때 이렇게!

- 엄마가 장난감을 사 주지 않자, 나는 나비눈을 하고서 구석에 서 있었다.
- 신경을 쓰지 않는 척했지만, 나도 모르게 나비눈으로 두 친구를 지켜보고 있었다.

21 난바다

난바다는 육지에서 멀리 떨어진 바다를 말해요.
비슷한 말로 '원양', '원해'라고도 해요.

반대말 **든바다 :** 육지에서 멀지 않은 가까운 바다를 이르는 말이에요.

바르게 따라 써 보세요.

우리 가족은 난바다에 ∨
우리 가족은 난바다에

나가 낚시를 했어요.
나가 낚시를 했어요.

아래 칸에 맞춰 써 보세요.

난바다에서 낚시를 했다.
난바다에서 낚시를 했다.

이럴 때 이렇게!

- 난바다의 고기잡이는 아주 힘들고 위험한 일이야.
- 난바다에서 큰 배가 들어올 때면 동네 사람들은 모두 부둣가로 모였습니다.

22 낫낫하다

사물의 감촉이 몹시 연하고 부드러울 때 '낫낫하다'라고 표현해요.
또 상냥한 사람을 일컫는 말이기도 하지요.

바르게 따라 써 보세요.

오	늘		처	음		만	났	는	데	
오	늘		처	음		만	났	는	데	
성	격	이		낫	낫	하	더	라	고	!
성	격	이		낫	낫	하	더	라	고	!

아래 칸에 맞춰 써 보세요.

성격이 낫낫하다.

성격이 낫낫하다.

이럴 때 이렇게!

- 할아버지와 함께 다닐 때에는 고집부리지 말고 낫낫하게 심부름도 잘 해라.
- 낫낫한 성격의 첫째 누이는 밝게 웃는 얼굴이 참 예쁘다.

23 내림

내림은 부모나 조상으로부터 내려오는 유전적인 특성을 말해요.
한자말로 '내력', '유전'이라고 해요.

바르게 따라 써 보세요.

대	머	리	는		우	리		집	안	의
대	머	리	는		우	리		집	안	의
내	림	이	다	.						
내	림	이	다	.						

아래 칸에 맞춰 써 보세요.

대머리는 내림이다.

대머리는 내림이다.

이럴 때 이렇게!

- 180cm가 넘는 큰 키는 예부터 내려오는 우리 집안 내림이다.
- 독특한 향이 나는 이 나물 반찬은 우리 집안 내림 음식입니다.

24 너나들이

서로 '너', '나' 하고 부르며 허물없이 지내는 사이를 말해요.
친한 친구가 바로 너나들이하는 사이랍니다.

바르게 따라 써 보세요.

너나들이하는 사이지만 ∨
너나들이하는 사이지만

예의는 지켜야 해.
예의는 지켜야 해.

아래 칸에 맞춰 써 보세요.

너나들이하는 사이
너나들이하는 사이

이럴 때 이렇게!

- 상현이와 명훈이는 너나들이하는 친한 사이입니다.
- 앞으로 우리 서로 너나들이하는 가까운 벗으로 지내자!

25 너럭바위

너럭바위는 넓고 평평한 바위를 일컫는 말이에요.
한자말로 '반석'이라고도 해요.

반대말 **선바위 :** 산이나 들, 물 가운데에 우뚝 서 있는 커다란 바위를 말해요.

바르게 따라 써 보세요.

산을 오르다 너럭바위

산을 오르다 너럭바위

에 앉아 잠시 쉬었다.

에 앉아 잠시 쉬었다.

아래 칸에 맞춰 써 보세요.

너럭바위에 앉았다.

너럭바위에 앉았다.

이럴 때 이렇게!

- 저기 너럭바위에 앉아 조금 쉬었다 가자꾸나.
- 온종일 볕이 드는 너럭바위에 빨래를 널면 아주 잘 마른답니다.

26 너울

너울은 바다에서 이는 사납고 큰 물결이에요.
한자말로 보통 '파도'라고 하는데 '너울'이 순우리말입니다.

바르게 따라 써 보세요.

바다에 너울이 치면

바다에 너울이 치면

낚시하기 힘들어요.

낚시하기 힘들어요.

아래 칸에 맞춰 써 보세요.

바다에 너울이 치다.

바다에 너울이 치다.

이럴 때 이렇게!

- 점점 바람이 거세지더니 조용했던 바다에 너울이 일기 시작했다.
- 아버지는 너울이 이는 바다를 묵묵히 바라보고 계셨습니다.

재미있는 우리말 퀴즈

1 아래 글을 읽고, 올바른 우리말에 ○표 하세요.

1) 학교 운동장에서 아이들이 (가댁질 / 가람)하는 소리가 들린다.

2) (가랑비 / 가풀막)에 옷이 젖고 말았다.

3) 지금까지 공부한 것을 잘 (개미장 / 갈무리)하거라.

4) 힘든 일은 여러 사람이 (곰비임비 / 겨끔내기)로 해야 쉽게 해낼 수 있습니다.

5) (길섶 / 글속)에는 이름 모를 꽃들이 잔뜩 피어 있습니다.

6) 살펴보니 (길짐승 / 까치발)이 할퀴어 놓은 자국 같습니다.

7) 세찬 바람이 불자 꽃들이 (꽃구름 / 꽃보라)을/를 일으켰다.

8) 그의 일거수일투족을 (나비눈 / 꽃샘바람)으로 지켜보고 있다.

9) (난바다 / 너울)에서 잡은 고기가 맛있는 법이다.

10) 우리는 (너럭바위 / 너나들이)한 사이좋은 친구입니다.

정답

1. 1) 가댁질 2) 가랑비 3) 갈무리 4) 겨끔내기 5) 길섶 6) 길짐승 7) 꽃보라 8) 나비눈 9) 난바다 10) 너나들이

2 아래 낱말로 짧은 글짓기를 해 보세요.

1) 가람 :

2) 겨끔내기 :

3) 고드름장아찌 :

4) 나들목 :

5) 너울 :

3 다음 글에서 잘못 쓴 우리말을 찾아 고쳐 보세요.

재민이는 하릴없이 개미선을 막대기로 건들이며 심통을 부렸습니다. 어제 나너들이하는 친구인 성현이와 다투어서인지 기분이 좋지 않습니다. 성현이는 다른 친구들과 아람으로 물놀이를 하러 가는 것 같습니다. 재민이는 자기도 모르게 참새눈을 하고 성현이를 찾게 됩니다. 심난한 마음에 더럭바위에 벌렁 누운 재민이는 성현이와 어떻게 화해하면 좋을지 모르겠습니다.

정답

2. 1) 우리나라에서 가장 큰 가람은 한강입니다. / 이웃마을로 가기 위해서는 가람을 가로질러야 한다. 등등
2) 옆집 선비는 글 읽기를 겨끔내기로 하더라. / 주인공들은 두 명이 번갈아 겨끔내기로 출현했다. 등등
3) 쓸데없는 소리를 하는 친구에게 '고드름장아찌'라는 별명을 지어 주었다. / 너는 싱겁기가 꼭 고드름장아찌로구나! 등등
4) 집 앞 나들목에서 교통사고가 났습니다. / 나들목의 신호등이 모두 고장 나 버렸다. 등등
5) 출렁출렁 너울이 넘실대는 강물을 하염없이 바라보았다. / 너울이 점점 커지는 것을 보니 태풍이 올 모양이다. 등등

3. 개미선 → 개미장 / 나너들이 → 너나들이 / 아람 → 가람 / 참새눈 → 나비눈 / 더럭바위 → 너럭바위

27 달구치다

무엇을 알아내거나 어떤 일을 재촉하려고
꼼짝 못하게 몰아치는 것을 '달구치다'라고 합니다.

비슷한 말 **다그치다 :** 일이나 행동 등을 빨리 끝내기 위해 몰아치는 것을 뜻해요.

바르게 따라 써 보세요.

그는 달구쳐도 비밀을 ∨

그는 달구쳐도 비밀을

말하지 않았다.

말하지 않았다.

아래 칸에 맞춰 써 보세요.

그는 달구쳐도 말하지 않았다.

그는 달구쳐도 말하지 않았다.

이럴 때 이렇게!

- 엄마가 놀러나가는 나를 보면 공부하라고 달구치실 게 뻔하다.
- 상자 안에 든 것이 무엇이냐고 아무리 달구쳐도 윤미는 입을 열지 않았다.

28 돋을볕

돋을볕은 아침에 해가 솟아오를 때의 햇볕을 말해요.
어둠이 걷히고 해가 뜰 때 돋을볕이 솟으면 힘찬 기운이 느껴져요.

바르게 따라 써 보세요.

이른 아침에 돋을볕이 ∨

이른 아침에 돋을볕이

보이기 시작했다.

보이기 시작했다.

아래 칸에 맞춰 써 보세요.

이른 아침의 돋을볕

이른 아침의 돋을볕

이럴 때 이렇게!

- 돋을볕이 비추자 가슴에 힘찬 희망이 생겼다.
- 창문 틈으로 돋을볕이 빼꼼히 들어왔습니다.

29 돋을새김

돋을새김은 평평한 면에 글자나 그림 따위를 도드라지게 새긴 조각을 뜻해요.
한자말로는 '양각'이라고 합니다.

바르게 따라 써 보세요.

큰		바	위	에		불	상	이		돋
큰		바	위	에		불	상	이		돋
을	새	김		되	어		있	어	요	.
을	새	김		되	어		있	어	요	.

아래 칸에 맞춰 써 보세요.

큰 바위의 돋을새김

큰 바위의 돋을새김

이럴 때 이렇게!

- 바위에는 뜻을 알 수 없는 한자가 돋을새김 돼 있었다.
- 나무 조각에 친한 친구의 얼굴을 돋을새김 하였다.

30 동아리

동아리는 같은 뜻을 가지고 모여서 한패를 이룬 무리를 뜻해요.
흔히 취미가 같은 사람들끼리 모인 단체를 '서클'이라고 하는데
'동아리', '모임'으로 순화해서 써야 해요.

바르게 따라 써 보세요.

방과 후에 동아리 활

방과 후에 동아리 활

동을 합니다.

동을 합니다.

아래 칸에 맞춰 써 보세요.

동아리 활동을 한다.

동아리 활동을 한다.

이럴 때 이렇게!

- 지난주부터 사물놀이 동아리에 들어 장구를 배우기 시작했어.
- 이제부터 한 동아리가 되어 뜻을 이룰 때까지 함께 노력하기로 약속합시다.

31 둔치

둔치는 강이나 호수 등 물가의 가장자리 또는 물가의 언덕을 말해요.
흔히 '고수부지'라는 한자말을 쓰는데 '둔치'가 순우리말이에요.
예를 들어, '한강 고수부지'도 '한강 둔치'라고 바꾸어 써야 합니다.

바르게 따라 써 보세요.

집 앞 둔치에 체육공

집 앞 둔치에 체육공

원이 들어섰습니다.

원이 들어섰습니다.

아래 칸에 맞춰 써 보세요.

둔치에 체육공원이 들어섰다.

둔치에 체육공원이 들어섰다.

이럴 때 이렇게!

- 한강 둔치에 멋진 수영장이 만들어졌다.
- 쓰레기로 뒤덮인 둔치를 보니 강물이 오염되었음을 알 수 있었다.

32 뒤쓰레질

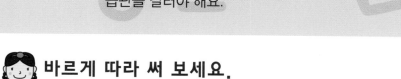

뒤쓰레질은 어떤 일이 끝난 뒤에 그 자리의 쓰레기를 쓸어 내는 일이에요.
각종 행사나 모임이 끝나면 자기 자리는 스스로 뒤쓰레질 하는
습관을 길러야 해요.

바르게 따라 써 보세요.

방	을		어	질	렀	으	면		스	스
방	을		어	질	렀	으	면		스	스
로		뒤	쓰	레	질		해	야	지	!
로		뒤	쓰	레	질		해	야	지	!

아래 칸에 맞춰 써 보세요.

스스로 뒤쓰레질을 해야 한다.

스스로 뒤쓰레질을 해야 한다.

이럴 때 이렇게!

- 공원에서 재미있게 놀고 난 후에는 뒤쓰레질을 말끔하게 하고 가야 해.
- 공연이 끝나고 밤늦게까지 뒤쓰레질을 한 후에 집으로 돌아갔다.

33 땅별

땅별은 지구를 별에 빗대어서 이르는 말이에요.
땅별은 우리가 살아가고 있는 별이기 때문에
병들지 않도록 잘 보살펴야 해요.

바르게 따라 써 보세요.

공	기	와		물		오	염	은		땅
공	기	와		물		오	염	은		땅
별	을		병	들	게		해	요	.	
별	을		병	들	게		해	요	.	

아래 칸에 맞춰 써 보세요.

땅별을 병들게 한다.

땅별을 병들게 한다.

이럴 때 이렇게!

- 땅별에 사는 모든 생물들이 아름답다고 생각해요.
- 희귀 동물들이 땅별에서 완전히 사라지기 전에 그들을 보호해야 합니다.

34 똘기

똘기는 아직 익지 않은 과일을 뜻해요.
똘기는 보통 떫은맛이 나기 때문에 먹으면 배탈 나기 쉬워요.

바르게 따라 써 보세요.

감	나	무	의		똘	기	를		먹	었
감	나	무	의		똘	기	를		먹	었
다	가		배	탈	이		났	어	요	.
다	가		배	탈	이		났	어	요	.

아래 칸에 맞춰 써 보세요.

감나무의 똘기

감나무의 똘기

이럴 때 이렇게!

- 이 복숭아는 아직 똘기라 따 먹으면 많이 떫을 거야.
- 똘기를 먹어서 그런지 오후부터 살살 배가 아파왔다.

35 뜻매김하다

어떤 말이나 사물의 뜻을 명백히 밝혀 정하는 것을
'뜻매김하다'라고 합니다.

같은 말 **정의하다 :** '뜻매김하다'와 같은 말로 '~라고 정의하다', '정의를 내리다' 등으로 써요.

바르게 따라 써 보세요.

'	나	는		학	생	이	다	. '	라	고 ∨
'	나	는		학	생	이	다	. '	라	고
뜻	매	김	하	였	다	.				
뜻	매	김	하	였	다	.				

아래 칸에 맞춰 써 보세요.

뜻매김하였다.

뜻매김하였다.

이럴 때 이렇게!

- 사람들에게 새롭게 쓰이는 말을 뜻매김하여 사전으로 만드는 일을 합니다.
- 중요한 낱말을 뜻매김할 때는 사전에 있는 뜻을 제일 먼저 살펴야 한다.

36 마음자리

마음자리는 마음의 본바탕을 이르는 말이에요.
마음자리를 바르게 해야 행동도 바르답니다.

바르게 따라 써 보세요.

마음자리가 바르면 무엇도 겁날 게 없어.

마음자리가 바르면 무엇도 겁날 게 없어.

아래 칸에 맞춰 써 보세요.

마음자리가 바르다.

마음자리가 바르다.

이럴 때 이렇게!

- 바른 사람이 되기 위해서는 마음자리에 그릇됨이 없어야 합니다.
- 자신의 마음자리가 가리키는 대로 행동하면 될 것입니다.

37 먼지잼

먼지잼은 겨우 먼지가 날리지 않을 정도로 조금 오는 비를 말해요.
가뭄 때 먼지잼으로 비가 오면 아쉽기만 하지요.

반대말 **목비 :** 모내기를 할 무렵에 충분히 내리는 비를 뜻해요.

바르게 따라 써 보세요.

먼지잼으로 비가 조금 ∨

먼지잼으로 비가 조금

오다 말았다.

오다 말았다.

아래 칸에 맞춰 써 보세요.

먼지잼으로 비가 왔다.

먼지잼으로 비가 왔다.

이럴 때 이렇게!

- 먼지잼으로 내리는 비에 놀라 괜히 서둘러 우산을 샀구나.
- 가뭄으로 고생하는 농부들의 마음을 모르는 듯 비는 먼지잼으로 내렸다.

38 모꼬지

모꼬지는 놀이나 잔치에 여러 사람이 모이는 일이에요.
'모꼬지한다', '모꼬지하러 간다'라고 표현해요.

바르게 따라 써 보세요.

이	번		모	꼬	지	는		어	디	로 ∨
이	번		모	꼬	지	는		어	디	로
갈	까	?								
갈	까	?								

아래 칸에 맞춰 써 보세요.

모꼬지는 어디로 갈까?

모꼬지는 어디로 갈까?

이럴 때 이렇게!

- 이번 주말에 마을에서 가장 큰 모꼬지가 마을회관에서 열린대.
- 선배들은 새로 들어온 학생들과 함께 모꼬지를 떠났습니다.

39 모둠

모둠은 초 · 중등학교에서 학생들을 작은 규모로 묶은 모임이에요.
학생들을 조별로 나누어 발표를 하기도 하는데,
이를 '모둠 발표'라고 해요.

바르게 따라 써 보세요.

세 명씩 모둠을 지어

세 명씩 모둠을 지어

서 발표 준비를 하자.

서 발표 준비를 하자.

아래 칸에 맞춰 써 보세요.

세 명씩 모둠을 짓다.

세 명씩 모둠을 짓다.

이럴 때 이렇게!

- 각 모둠별로 토의한 내용을 발표하세요.
- 지영이는 우리 모둠에서 가장 적극적으로 행동하는 친구입니다.

40 미리내

미리내는 강물처럼 길게 퍼져 있는 별 무리를 뜻해요.
맑은 날 밤하늘을 올려다보면 강물처럼 무리 지어 있는 별 무리를 볼 수 있어요.

같은 말 **은하수 :** 미리내를 '은하수'라고도 하며, 은하수는 은빛 강물이라는 뜻이에요.

바르게 따라 써 보세요.

미	리	내	가		여	름		밤	하	늘
미	리	내	가		여	름		밤	하	늘
을		밝	혀		주	었	다	.		
을		밝	혀		주	었	다	.		

아래 칸에 맞춰 써 보세요.

여름 밤하늘의 미리내

여름 밤하늘의 미리내

이럴 때 이렇게!

- 밤하늘을 아름답게 수놓는 미리내를 하염없이 바라보았다.
- 미리내에는 견우와 직녀의 슬픈 이야기가 담겨 있습니다.

41 미쁘다

믿음직스럽고 진실하다는 뜻으로 '미쁘다'라고 표현해요.
발음이 비슷한 '예쁘다'는 흔히 사람의 겉모습을 이르는 말이고,
'미쁘다'는 사람의 속마음, 마음씨를 일컫는 말이에요.

바르게 따라 써 보세요.

네가 도와준다고 하니∨

네가 도와준다고 하니

미쁘고 든든해.

미쁘고 든든해.

아래 칸에 맞춰 써 보세요.

미쁘고 든든하다.

미쁘고 든든하다.

이럴 때 이렇게!

- 어떤 상황에서도 꿋꿋이 맡은 일을 하는 현성이가 미쁘게 보였다.
- 옆집에 사는 태민이는 말과 행동이 달라 도무지 미쁘게 보이지 않습니다.

42 밑글

밑글은 책에서 이미 배운 부분의 글이나 이미 알고 있어서
바탕이 되는 글을 뜻해요.

비슷한 말 **배경지식 :** 어떤 일을 할 때, 이미 머릿속에 있거나 기본적으로 필요한 지식을 말해요.

바르게 따라 써 보세요.

밑	글	이		있	으	면		책	을	
밑	글	이		있	으	면		책	을	
쉽	게		이	해	할		수		있	다.
쉽	게		이	해	할		수		있	다.

아래 칸에 맞춰 써 보세요.

밑글이 있으면 쉽게 이해한다.

밑글이 있으면 쉽게 이해한다.

이럴 때 이렇게!

- 밑글이 튼튼해야 글쓰기를 잘할 수 있습니다.
- 밑글이 있는 사람은 수업 내용을 쉽게 이해할 수 있다.

재미있는 우리말 퀴즈

1 아래 글을 읽고, 올바른 우리말에 ○표 하세요.

1) 아무리 (달구쳐도 / 뜻매김해도) 절대 말하지 않는다.

2) 저 멀리 하늘에 (동아리 / 돋을별)이/가 들기 시작했습니다.

3) 벽에는 신비로운 그림이 (돋을새김 / 돋을별) 되어 있었다.

4) 아직 (똘기 / 둔치)라 맛이 없어.

5) (땅별 / 먼지잼)에는 수많은 생물이 살고 있습니다.

6) 올바른 (먼지잼 / 마음자리)을/를 가져야 합니다.

7) 전교생이 함께 (모꼬지 / 모둠)을/를 가기로 했어요.

8) (미리내 / 마음자리)를 바라보고 있으면 슬픈 전설이 생각납니다.

9) 엄마는 삼촌이 (미쁘지 / 뜻매김하지) 않다며 혀를 찼습니다.

10) (똘기 / 밑글)이/가 많으면 공부가 쉬워집니다.

정답

1. 1) 달구쳐도 2) 돋을별 3) 돋을새김 4) 똘기 5) 땅별 6) 마음자리 7) 모꼬지 8) 미리내 9) 미쁘지 10) 밑글

2 아래 낱말로 짧은 글짓기를 해 보세요.

1) 돋을볕 :

2) 뒤쓰레질 :

3) 똘기 :

4) 모꼬지 :

5) 미리내 :

3 다음 글에서 잘못 쓴 우리말을 찾아 고쳐 보세요.

현수는 지난달부터 탐험 서클에 들었습니다.
이번 주에는 각 모듬별로 동굴을 탐험하기로 했습니다.
현수네는 강 고수부지에 있는 작은 동굴에 가 보았습니다.
동굴에는 신기한 그림들이 바위에 곧을새김으로 그려져 있었습니다.
어른들이 아시면 달그치실 게 분명했지만, 현수는 동굴 탐험에 성공했다는 생각에 뛸 듯이 기뻤습니다.

정답

2. 1) 돋을볕이 들어오는 것을 보니 아침이 밝아오는구나. / 아침을 알리는 돋을볕이 집 안을 밝혔습니다. 등등
2) 학예회를 마치고 우리 반 아이들이 남아 뒤쓰레질을 했습니다. / 뒤쓰레질은 항상 청소 아주머니의 몫이었습니다. 등등
3) 감이 똘기라 아직은 많이 떫습니다. / 똘기를 잘못 먹으면 배탈이 납니다. 등등
4) 이번 모꼬지에서 반별 장기자랑을 할 예정입니다. / 모꼬지의 하이라이트는 캠프파이어입니다. 등등
5) 천체망원경으로 미리내를 관찰했다. / 미리내를 바라보고 있으면 별들이 쏟아질 것 같습니다. 등등
3. 서클 → 동아리 / 모듬 → 모둠 / 고수부지 → 둔치 / 곧을새김 → 돋을새김 / 달그치실 → 달구치실

43 바람꽃

바람꽃은 큰 바람이 불기 전에 먼 산에 구름처럼 끼는 뽀얀 기운을 말해요.
숲과 들이 있는 곳의 먼 산에 바람꽃이 보이면 곧 큰 바람이 불어요.
매연이 많은 도심에서는 바람꽃을 보기 힘들어요.

바르게 따라 써 보세요.

멀	리		보	이	는		산	에		바
멀	리		보	이	는		산	에		바
람	꽃	이		피	었	습	니	다	.	
람	꽃	이		피	었	습	니	다	.	

아래 칸에 맞춰 써 보세요.

바람꽃이 피었다.

바람꽃이 피었다.

이럴 때 이렇게!

- 아버지를 기다리시는 어머니의 불안함은 자정이 넘어서자 바람꽃처럼 커져만 갔다.
- 높은 산들이 바람꽃에 뿌옇게 싸여 신비로운 분위기를 만들었다.

44 별똥별

별똥별은 먼 하늘의 티끌이나 먼지 등이 빠르게 떨어질 때 공기와 부딪쳐 불타면서 내는 빛이에요.

같은 말 **유성 :** 유성을 우리말로 '별똥별'이라고 해요.

바르게 따라 써 보세요.

별	똥	별	을		보	며		소	원	을 ∨
별	똥	별	을		보	며		소	원	을
빌	었	어	요	.						
빌	었	어	요	.						

아래 칸에 맞춰 써 보세요.

별똥별을 보았다.

별똥별을 보았다.

이럴 때 이렇게!

- 별똥별을 보고 소원을 빌면 정말 이루어진대.
- 별똥별은 밤하늘에 긴 획을 긋더니 순식간에 사라져 버렸다.

45 불잉걸

불잉걸은 이글이글하게 활짝 핀 숯덩어리를 말해요.
숯이나 나무가 타면서 가장 뜨거운 상태의 숯덩어리를 뜻하지요.

같은 말 **잉걸불 :** 불에 이글이글하게 달아오른 숯이나 장작을 말해요.

바르게 따라 써 보세요.

빨	간		불	잉	걸	에		고	구	마
빨	간		불	잉	걸	에		고	구	마
를		구	웠	습	니	다	.			
를		구	웠	습	니	다	.			

아래 칸에 맞춰 써 보세요.

빨간 불잉걸

빨간 불잉걸

이럴 때 이렇게!

- 모닥불에서 꺼내온 불잉걸이 고기를 맛있게 익혀 주었다.
- 분노에 가득 찬 그의 눈은 불잉걸처럼 활활 타오르고 있었다.

46 사르다

불에 태워 없애는 것을 '사르다'라고 표현해요.
또 어떤 것을 남김없이 없애 버리는 것을 뜻하기도 합니다.

바르게 따라 써 보세요.

오	래	된		편	지	를		살	라	
오	래	된		편	지	를		살	라	
버	렸	다	.							
버	렸	다	.							

아래 칸에 맞춰 써 보세요.

편지를 사르다.

편지를 사르다.

이럴 때 이렇게!

- 절을 찾은 할머니는 향을 사르고 나서 절을 하셨다.
- 더 이상 필요 없는 책들을 모두 모아 살랐다.

47 사리

사리는 음력 15일과 30일경에 밀물이 가장 높이 드는 때를 말해요.
사리는 '한사리'를 줄인 말이에요.

반대말 **조금 :** 매월 음력 8일과 23일경에 밀물이 낮게 들어오는 때를 말해요.

바르게 따라 써 보세요.

드러난 바닷길이 사리∨
드러난 바닷길이 사리

때 물에 잠겼다.
때 물에 잠겼다.

아래 칸에 맞춰 써 보세요.

바닷길이 사리 때 잠겼다.
바닷길이 사리 때 잠겼다.

이럴 때 이렇게!

- 사리 때 갯벌에 나가면 위험합니다.
- 이번 사리에는 여느 때보다 밀물이 많이 밀려들었다.

48 사시랑이

사시랑이는 마른 사람이나 가늘고 약한 물건을 일컫는 말이에요.
또 간사한 사람이나 물건을 뜻하기도 하지요.

바르게 따라 써 보세요.

아	프	고		나	더	니		몸	이	
아	프	고		나	더	니		몸	이	
사	시	랑	이	가		되	었	다	.	
사	시	랑	이	가		되	었	다	.	

아래 칸에 맞춰 써 보세요.

몸이 사시랑이가 되었다.

몸이 사시랑이가 되었다.

이럴 때 이렇게!

- 가뜩이나 사시랑이인 사람이 더 힘들게 되었군.
- 내 방 의자가 사시랑이라서 앉을 때마다 긴장을 하게 된다.

49 살눈

살눈은 살짝 내린 눈으로, 조금 내려서 땅에 쌓일 듯 말 듯한 눈을 말해요.
살눈에서 '살'은 얇다는 뜻이에요.

비슷한 말 **살얼음 :** 얇게 내리는 눈은 '살눈', 얇게 언 얼음은 '살얼음'이에요.

바르게 따라 써 보세요.

살눈이 내렸다가 햇볕에 곧 녹아 버렸다.

살눈이 내렸다가 햇볕에 곧 녹아 버렸다.

아래 칸에 맞춰 써 보세요.

살눈이 햇볕에 녹았다.

살눈이 햇볕에 녹았다.

이럴 때 이렇게!

- 밤사이 내린 살눈이 아침이 되자 모두 녹아 버렸어요.
- 살눈에 찍힌 발자국을 보니 아버지가 다녀가신 것 같다.

50 살피

살피는 땅과 땅 사이의 경계선을 간단하게 나타낸 표이며,
또 물건과 물건 사이의 갈피에 꽂아 두는 표시예요.

바르게 따라 써 보세요.

읽고 있던 책에 살피

읽고 있던 책에 살피

를 꽂아 두었다.

를 꽂아 두었다.

아래 칸에 맞춰 써 보세요.

책에 살피를 꽂다.

책에 살피를 꽂다.

이럴 때 이렇게!

- 책갈피에 살피를 끼워 읽은 곳을 표시했습니다.
- 중요한 부분은 책 중간 중간에 살피를 끼워 두었습니다.

51 삿갓구름

삿갓구름은 외딴 산봉우리의 꼭대기 부근에 걸려 있는 삿갓 모양의 구름을 말해요.
'삿갓'은 비나 햇볕을 막기 위해 갈대 등을 거칠게 엮어 만든 세모 모양의 갓이에요.

바르게 따라 써 보세요.

산봉우리에 ∨ 삿갓구름이 ∨

산봉우리에 삿갓구름이

걸려 있어요.

걸려 있어요.

아래 칸에 맞춰 써 보세요.

산봉우리의 삿갓구름

산봉우리의 삿갓구름

이럴 때 이렇게!

- 관악산 봉우리에 삿갓구름이 걸려 있었습니다.
- 삿갓구름이 걸려 있는 저 높은 산봉우리까지 가 보기로 마음먹었다.

52 샐쭉하다

마음에 차지 않아서 언짢은 태도가 드러나거나, 어떤 감정을 드러내면서 입이나 눈이 한쪽으로 배뚤어지는 것을 '샐쭉하다'고 표현해요.

바르게 따라 써 보세요.

동생은 샐쭉한 표정으로 돌아섰다.

동생은 샐쭉한 표정으로 돌아섰다.

아래 칸에 맞춰 써 보세요.

샐쭉한 표정

샐쭉한 표정

이럴 때 이렇게!

- 구슬을 모두 잃은 현수는 샐쭉한 표정으로 먼 산만 바라보고 있다.
- 약속을 지키지 못한 것 때문인지 재민이의 표정이 영 샐쭉하다.

53 샛강

샛강은 큰 강에서 한 줄기가 갈려 나가서 중간에 섬을 이루고
하류에 가서 다시 큰 강에 합쳐지는 강이에요.
큰 강과 샛강은 갈라졌다 다시 만나는 강이라 같은 물이랍니다.

바르게 따라 써 보세요.

샛	강	은		강	폭	이		좁	아	서 ∨
샛	강	은		강	폭	이		좁	아	서
물	살	이		세	요	.				
물	살	이		세	요	.				

아래 칸에 맞춰 써 보세요.

샛강은 강폭이 좁다.

샛강은 강폭이 좁다.

이럴 때 이렇게!

- 마을을 감싸 흐르는 샛강에서 아낙들이 빨래를 하고 있습니다.
- 할머니 댁 앞에 있는 샛강에는 물고기들이 많다.

54 샛별

샛별은 가장 밝은 별이며, 저녁에 서쪽 하늘이나
새벽의 동쪽 하늘에서 볼 수 있어요.

같은 말 **금성 :** 샛별은 '금성'이라고도 해요. 지구에서 가장 가까운 행성이에요.

바르게 따라 써 보세요.

해가 진 뒤 서쪽 하

해가 진 뒤 서쪽 하

늘에 샛별이 떴다.

늘에 샛별이 떴다.

아래 칸에 맞춰 써 보세요.

서쪽 하늘의 샛별

서쪽 하늘의 샛별

이럴 때 이렇게!

- 새로 전학 온 친구는 샛별같이 반짝거리는 눈을 가지고 있다.
- 해가 뜨기 전 동쪽 하늘에서 샛별을 볼 수 있다.

55 생게망게하다

행동이나 말이 갑작스럽고 터무니없을 때 '생게망게하다'고 말해요.
햇볕이 쨍쨍한 대낮에 갑자기 비가 내리는 것도 생게망게한 일이지요.

바르게 따라 써 보세요.

생	게	망	게	하	게		마	른	하	늘
생	게	망	게	하	게		마	른	하	늘
에		비	가		쏟	아	졌	다	.	
에		비	가		쏟	아	졌	다	.	

아래 칸에 맞춰 써 보세요.

생게망게하다.

생게망게하다.

이럴 때 이렇게!

- 도둑이 제 발 저린 것처럼 묻지도 않는 말을 생게망게 늘어놓았습니다.
- 갑작스러운 사고 소식에 생게망게해서 먼 하늘만 바라보았다.

56 서리가을

서리가을은 서리가 내리는 늦가을을 말해요.
서리가을이 되면 집집마다 김장 준비를 하지요.

바르게 따라 써 보세요.

서리가을에는 밭에 남

서리가을에는 밭에 남

은 채소도 시들해져요.

은 채소도 시들해져요.

아래 칸에 맞춰 써 보세요.

서리가을에는 채소도 시들해진다.

서리가을에는 채소도 시들해진다.

이럴 때 이렇게!

- 먼 곳으로 출장을 가셨던 아버지는 서리가을의 어느 날 아침에 돌아오셨다.
- 서리가을에 노란 국화가 피었습니다.

57 서리꽃

서리꽃은 유리창 따위에 서린 김이 얼어서 꽃처럼 무늬가 생기는 것을 말해요.
'서리'는 늦가을에 공기 중의 물방울이 물체에 닿아 하얗게 얼어붙은 것이에요.

바르게 따라 써 보세요.

유	리	창	에		예	쁜		서	리	꽃
유	리	창	에		예	쁜		서	리	꽃
이		피	었	습	니	다	.			
이		피	었	습	니	다	.			

아래 칸에 맞춰 써 보세요.

예쁜 서리꽃이 피었다.

예쁜 서리꽃이 피었다.

이럴 때 이렇게!

- 날씨가 많이 추워진다 싶더니 유리창에 서리꽃이 피었다.
- 청초하면서도 차가운 표정을 짓는 아영이는 서리꽃을 닮았습니다.

58 선웃음

선웃음은 우습지도 않은데 꾸며서 웃는 거짓 웃음이에요.
선웃음의 '선'은 '서툴다', '충분치 않다'는 뜻으로 억지로 웃는 웃음을 말해요.

주의 '선웃음'을 선한 표정으로 웃는 웃음으로 잘못 쓰기 쉬우니 주의하세요.

바르게 따라 써 보세요.

친구의 호감을 얻으려

친구의 호감을 얻으려

고 선웃음을 지었다.

고 선웃음을 지었다.

아래 칸에 맞춰 써 보세요.

호감을 얻으려는 선웃음

호감을 얻으려는 선웃음

이럴 때 이렇게!

- 재희는 선웃음까지 지어 보이며 선생님에게 잘 보이려고 애썼습니다.
- 장사꾼이 하는 이야기가 하도 어이가 없어서 선웃음을 지어 보였다.

59 성기다

물건 사이가 뜨거나 반복되는 횟수나 정도가 뜨는 것을 '성기다'라고 말해요. 또 관계가 깊지 않고 서먹하다는 뜻도 있어요.

비슷한 말 '성기다'와 비슷한 말로 '성글다', '듬성하다', '뜸하다' 등이 있습니다.

바르게 따라 써 보세요.

그 물을 성기게 짜서

그 물을 성기게 짜서

물고기가 빠져나갔다.

물고기가 빠져나갔다.

아래 칸에 맞춰 써 보세요.

성기게 짠 그물

성기게 짠 그물

이럴 때 이렇게!

- 할아버지는 성긴 머리카락을 얌전히 빗어 정돈하셨어요.
- 좀 전까지만 해도 성기던 빗줄기가 제법 굵어졌다.

60 소나기밥

소나기밥은 보통 때에는 많이 먹지 않는 사람이 갑자기 많이 먹는 밥을 뜻해요.
반찬이 입에 맞는다고 소나기가 퍼붓듯이 소나기밥을 먹으면 배탈이 나기 쉽지요.

바르게 따라 써 보세요.

무 손 바쁜 일이 있는

무 손 바쁜 일이 있는

지 소나기밥을 먹었다.

지 소나기밥을 먹었다.

아래 칸에 맞춰 써 보세요.

소나기밥을 먹었다.

소나기밥을 먹었다.

이럴 때 이렇게!

- 다이어트 한다고 쫄쫄 굶더니 집에 오자마자 소나기밥을 먹는구나.
- 동생은 소나기밥을 먹더니 체했는지 배가 아프다고 울상을 지었다.

61 속긋

속긋은 글씨나 그림 따위를 그 위에 덮어 쓰거나 그리며 익히도록 가늘고 흐리게 그어 주는 선을 말해요. 글씨를 처음 배울 때 속긋 위에 덮어 쓰는 연습을 하면 예쁜 글씨체를 익힐 수 있답니다.

바르게 따라 써 보세요.

속	긋		위	에		글	씨		연	습
속	긋		위	에		글	씨		연	습
을		합	니	다	.					
을		합	니	다	.					

아래 칸에 맞춰 써 보세요.

속긋 위에 글씨 연습

속긋 위에 글씨 연습

이럴 때 이렇게!

- 속긋을 따라 쓰며 한글을 익히기 위해 노력했어요.
- 아이가 쉽게 따라 그릴 수 있게 그림에 속긋을 넣어 주면 좋습니다.

62 손갓

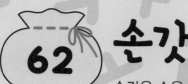

손갓은 손을 이마에 붙여서 햇살의 눈부심을 막고
멀리 보기 위해서 하는 행동이에요.
손을 갓 모양으로 이마에 붙인다 해서 '손갓'이지요.

바르게 따라 써 보세요.

손갓을 하고 면발치를 ∨

손갓을 하고 면발치를

바라보았습니다.

바라보았습니다.

아래 칸에 맞춰 써 보세요.

손갓을 하고 바라보았다.

손갓을 하고 바라보았다.

이럴 때 이렇게!

- 햇빛 때문에 눈이 부셔서 손갓을 하고 건너편을 살펴보았다.
- 손갓을 한 엄마는 놀이터에서 놀고 있는 우리를 쳐다보고 있었다.

63 손톱달

손톱달은 초승달이나 그믐달처럼 손톱 모양으로 생긴 달을 말해요.
초승달이나 그믐달처럼 가느다란 달의 모습을 '이지러지다'라고 표현합니다.

같은 말 **갈고리달 :** 손톱달을 어떤 지방에서는 갈고리를 닮았다 하여 '갈고리달'이라고도 불러요.

바르게 따라 써 보세요.

이	지	러	진		초	승	달	은	손
이	지	러	진		초	승	달	은	손
톱	달	이	다	.					
톱	달	이	다	.					

아래 칸에 맞춰 써 보세요.

초승달은 손톱달이다.

초승달은 손톱달이다.

이럴 때 이렇게!

· 하늘에 떠 있는 손톱달이 스산한 분위기를 더해 주었다.

· 그 아이를 처음 보는 순간, 손톱달 같은 눈썹이 참 예쁘다는 생각을 했다.

64 시나브로

시나브로는 '모르는 사이에 조금씩 조금씩'이라는 뜻이에요.
어떤 일이 느릿하게 되어 가는 것을 '시나브로 한다'고 표현합니다.

반대말 **곰비임비 :** 일이 계속해서 일어나거나 물건이 거듭 쌓이는 것을 뜻해요.

바르게 따라 써 보세요.

들판의 벼가 시나브로 익어 간다.

들판의 벼가 시나브로 익어 간다.

아래 칸에 맞춰 써 보세요.

벼가 시나브로 익다.

벼가 시나브로 익다.

이럴 때 이렇게!

- 너무 서두르지 말고 시나브로 진행합시다.
- 부침개는 약한 불에 시나브로 부쳐야 타지 않고 맛이 좋습니다.

재미있는 우리말 퀴즈

1 아래 글을 읽고, 올바른 우리말에 ○표 하세요.

1) 밤하늘 (바람꽃 / 별똥별)을 보고 소원을 빌자!

2) (사리 / 서리가을) 때 바다의 밀물이 가장 높이 밀려들어요.

3) 그 사람은 (삿갓구름 / 사시랑이) 같아서 불쌍해 보인다.

4) 책갈피에 나뭇잎 모양의 (살눈 / 살피)이/가 끼워져 있었어요.

5) 우리 마을에는 조그만 (샛강 / 샛별)이 흐르고 있습니다.

6) 내 말에 삐친 영수는 (생게망게한 / 샐쭉한) 표정을 지었습니다.

7) 창문에 핀 (서리꽃 / 서리가을)이 아름답게 보였습니다.

8) (선웃음 / 소나기밥)을 먹는 아이를 걱정스럽게 쳐다보았다.

9) 햇빛이 너무 강해 (손갓 / 속긋)을 하고 쳐다보았습니다.

10) (손톱달 / 시나브로)이/가 하늘에 떠 있었습니다.

정답

1. 1) 별똥별 2) 사리 3) 사시랑이 4) 살피 5) 샛강 6) 샐쭉한 7) 서리꽃 8) 소나기밥
9) 손갓 10) 손톱달

2 아래 낱말로 짧은 글짓기를 해 보세요.

1) 별똥별 :

2) 사시랑이 :

3) 살피 :

4) 샐쭉하다 :

5) 손톱달 :

3 다음 글에서 잘못 쓴 우리말을 찾아 고쳐 보세요.

자동차 창문에 사리꽃이 피었습니다. 도로에 쌓인 실눈 때문에 차들은 모두 엉금엉금 기어가고 있었습니다. 약속 시간에 늦어서 서두르는 아버지에게 어머니는 시나보르 운전을 하라고 말씀하십니다. 나는 점심을 가랑비밥으로 먹어서인지 멀미가 나려고 했지만, 꾹 참았습니다.

정답

2. 1) 하늘에서 수십 개의 별똥별이 떨어집니다. / 동생은 별똥별을 찾겠다고 하늘에서 눈을 떼지 않았습니다. 등등
2) 거짓말한 것이 들통날까 봐 사시랑이 떨듯 앉아 있었다. / 사시랑이처럼 마른 아이를 보니 가슴이 아팠다. 등등
3) 내가 책 속에 끼워 둔 살피가 없어졌다. / 살피를 이용하면 책을 보기 훨씬 수월합니다. 등등
4) 수연이가 샐쭉한 표정으로 나를 쳐다봅니다. / 비 때문에 소풍이 취소되었다는 소식을 들은 미혜는 샐쭉해졌습니다. 등등
5) 하늘에 예쁜 손톱달이 떠 있습니다. / 손톱달이 손에 잡힐 것 같이 느껴졌다. 등등

3. 사리꽃 → 서리꽃 / 실눈 → 살눈 / 시나보르 → 시나브로 / 가랑비밥 → 소나기밥

65 알심

알심은 은근히 동정하는 마음, 혹은 겉보기보다 야무진 힘을 뜻해요.
알심은 진심으로 동정하는 마음을 뜻하며,
겉으로 보기보다 야무지게 힘을 쓰는 사람을 일컫는 말이에요.

바르게 따라 써 보세요.

동	생	은		덩	치	가		작	아	도 ∨
동	생	은		덩	치	가		작	아	도
알	심	이		있	다	.				
알	심	이		있	다	.				

아래 칸에 맞춰 써 보세요.

동생은 알심이 있다.

동생은 알심이 있다.

이럴 때 이렇게!

- 그 무거운 상자를 번쩍 들다니, 생각보다 알심이 있구나.
- 민정이는 어려운 사람을 돕는 알심 있는 친구다.

66 알음

알음은 사람끼리 서로 아는 일을 뜻해요.
친분이 있는 사이를 '알음이 있다'라고 표현합니다.

바르게 따라 써 보세요.

그		아	이	와	는		알	음		있
그		아	이	와	는		알	음		있
는		사	이	다	.					
는		사	이	다	.					

아래 칸에 맞춰 써 보세요.

알음 있는 사이

알음 있는 사이

이럴 때 이렇게!

- 알음알음으로 입소문이 퍼져 제법 많은 사람이 찾아왔습니다.
- 새로 이사 온 옆집 아저씨는 전부터 아버지와 알음이 있는 사이였다.

67 애면글면

애면글면은 몹시 힘에 겨운 일을 이루려고 애를 쓰는 모양을 일컫는 말이에요.
힘은 약하지만 무엇인가를 이루려는 모습은 애면글면하지요.

바르게 따라 써 보세요.

애면글면하며 혼자서

애면글면하며 혼자서

그 일을 해냈다.

그 일을 해냈다.

아래 칸에 맞춰 써 보세요.

애면글면 해냈다.

애면글면 해냈다.

이럴 때 이렇게!

- 엄마는 잠시도 쉬지 않고 애면글면 일하며 돈을 버셨다.
- 바쁜 부모님 대신 나를 맡아 주신 할머니는 나를 애면글면 키워 주셨다.

68 애오라지

애오라지는 '겨우'를 강조하거나 '오로지'를 강조할 때 쓰는 말이에요.
가지고 있는 것이 얼마 남지 않았을 때, '애오라지 이것밖에 남지 않았다'라고 표현합니다.

바르게 따라 써 보세요.

부	모	는		애	오	라	지		자	식 ∨
부	모	는		애	오	라	지		자	식
생	각	뿐	이	다	.					
생	각	뿐	이	다	.					

아래 칸에 맞춰 써 보세요.

애오라지 자식 생각

애오라지 자식 생각

이럴 때 이렇게!

- 우리가 할 수 있는 일이 애오라지 이것뿐이라는 것을 믿을 수 없었다.
- 발표를 할 수 있는 사람은 애오라지 나밖에 없었다.

69 애잔하다

몹시 가냘프고 약해서 애처롭고 애틋할 때 '애잔하다'라고 말해요.
'애잔하다'에서 '애'는 초조한 마음, 몹시 수고로움을 뜻해요.

비슷한 말 **애처롭다 :** 가엾고 불쌍하여 마음이 슬프다는 뜻이에요.

바르게 따라 써 보세요.

아	픈		친	구	를		보	니		애
아	픈		친	구	를		보	니		애
잔	한		마	음	이		들	었	다	.
잔	한		마	음	이		들	었	다	.

아래 칸에 맞춰 써 보세요.

애잔한 마음

애잔한 마음

이럴 때 이렇게!

- 차창에 떨어지는 빗물이 애잔한 느낌을 더해 주고 있습니다.
- 레스토랑에는 애잔한 선율이 흐르고 있었다.

70 에움길

에움길은 굽은 길이나 에워서 돌아가는 길을 말해요.
'에우다'는 '사방을 빙 둘러싸다'는 뜻으로
에움길은 빙 둘러서 가는 길이나 우회로를 이르는 말이에요.

바르게 따라 써 보세요.

지름길보다 에움길로

지름길보다 에움길로

돌아가자.

돌아가자.

아래 칸에 맞춰 써 보세요.

에움길로 돌아가자.

에움길로 돌아가자.

이럴 때 이렇게!

- 바닷가 에움길로 가면 예쁜 산책로를 만날 수 있어요.
- 혹시나 껄끄러운 사람을 마주칠까 봐 일부러 에움길로 돌아갔습니다.

71 여울

여울은 강이나 바다의 바닥이 얕거나 폭이 좁아서 물살이 세게 흐르는 곳이에요.
여울은 바닥이 얕아도 물살이 세기 때문에 여울에서 물놀이를 하는 것은 위험해요.

바르게 따라 써 보세요.

연	어		떼	가		여	울	을		거
연	어		떼	가		여	울	을		거
슬	러		올	라	갑	니	다	.		
슬	러		올	라	갑	니	다	.		

아래 칸에 맞춰 써 보세요.

여울을 거슬러 올라간다.

여울을 거슬러 올라간다.

이럴 때 이렇게!

- 여울을 건널 때는 물살이 세니 항상 조심해야 해.
- 여울 아래 있는 바위를 들어 올리자 가재와 고동 등 많은 생물이 보였다.

72 여의다

부모나 사랑하는 사람이 죽어서 이별하는 것을 '여의다'라고 해요.
또 '딸을 시집보내다', '멀리 떠나보내다'는 뜻도 있어요.

바르게 따라 써 보세요.

할	머	니	는		할	아	버	지	를	
할	머	니	는		할	아	버	지	를	
여	의	고		혼	자	가		되	셨	다.
여	의	고		혼	자	가		되	셨	다.

아래 칸에 맞춰 써 보세요.

할아버지를 여의다.

할아버지를 여의다.

이럴 때 이렇게!

- 저는 일찍이 부모를 여의고 고아로 자랐습니다.
- 교통사고로 갑작스럽게 아버지를 여의었습니다.

73 연모

연모는 물건을 만들거나 일을 할 때에 쓰는 기구와 재료를 말해요.
연모에는 여러 가지가 있는데, 그중에서 칼이나 낫처럼 날이 있는 연모를 '날붙이'라고 합니다.

바르게 따라 써 보세요.

물건을 만들려면 연모

물건을 만들려면 연모

가 필요해요.

가 필요해요.

아래 칸에 맞춰 써 보세요.

연모가 필요하다.

연모가 필요하다.

이럴 때 이렇게!

- 집을 짓기 위해 필요한 연모는 흙이나 돌, 나뭇잎 등이다.
- 정확한 원을 그리기 위해 필요한 연모는 컴퍼스이다.

74 오지랖

오지랖은 웃옷이나 윗도리에 입는 겉옷의 앞자락을 일컫는 말이에요.
또 남의 일에 지나치게 참견하는 사람을 일러 '오지랖이 넓다'라고 말해요.

바르게 따라 써 보세요.

그		친	구	는		무	슨		일	에
그		친	구	는		무	슨		일	에
나		오	지	랖	이		넓	다	.	
나		오	지	랖	이		넓	다	.	

아래 칸에 맞춰 써 보세요.

오지랖이 넓다.

오지랖이 넓다.

이럴 때 이렇게!

· 세찬 바람이 불자 할아버지는 오지랖을 여미셨다.
· 남의 일에 참견하다니, 넌 오지랖이 지나치게 넓구나!

75 옹글다

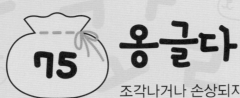

조각나거나 손상되지 않고 본디대로 있는 것을 '옹글다'라고 해요.
또 매우 실속 있고 다부지다는 뜻도 있습니다.

바르게 따라 써 보세요.

스웨터를 뜨는 데 옹근 한 달이 걸렸다.

스웨터를 뜨는 데 옹근 한 달이 걸렸다.

아래 칸에 맞춰 써 보세요.

옹근 한 달이 걸렸다.

옹근 한 달이 걸렸다.

이럴 때 이렇게!

- 현석이가 나이는 어려도 하는 행동이 여간 옹글지 않아요.
- 다음 시험까지 옹근 한 달이 남았으니 최선을 다해 공부해야지.

76 우듬지

우듬지는 나무의 꼭대기 줄기를 뜻해요.
즉, 나무의 꼭대기 부분을 우듬지라고 하지요.

바르게 따라 써 보세요.

우	듬	지		위	로		새	들	이	
우	듬	지		위	로		새	들	이	
날	아	올	랐	습	니	다	.			
날	아	올	랐	습	니	다	.			

아래 칸에 맞춰 써 보세요.

우듬지 위로 새가 날아올랐다.

우듬지 위로 새가 날아올랐다.

이럴 때 이렇게!

- 파랑새는 거대한 나무의 우듬지 위에 살며시 내려앉았습니다.
- 밤나무의 우듬지 끝에 내가 아끼는 연이 걸려 버렸다.

77 자발없다

행동이 가볍고 참을성이 없는 것을 '자발없다'라고 해요.
줏대 없이 가볍게 행동하는 사람을 가리켜 '자발없다', '자발떤다'라고 표현합니다.

주의 '자발적다'라고 쓰기도 하는데 잘못된 표현이에요.

바르게 따라 써 보세요.

자발없이 행동하면 믿

자발없이 행동하면 믿

음직스럽지 못해.

음직스럽지 못해.

아래 칸에 맞춰 써 보세요.

자발없이 행동하다.

자발없이 행동하다.

이럴 때 이렇게!

- 원체 자발없는 사람이라서 친구가 많지 않다.
- 자발없는 사람은 어디를 가든 큰일을 해내기 어렵다.

78 잠포록하다

날이 흐리고 바람기가 없는 것을 '잠포록하다'라고 해요.
하늘에 구름이 끼고 바람도 없이 포근한 날씨를 '잠포록하다'라고 합니다.

바르게 따라 써 보세요.

잠	포	록	한		날	씨	에	는		마
잠	포	록	한		날	씨	에	는		마
음	도		차	분	해	져	요	.		
음	도		차	분	해	져	요	.		

아래 칸에 맞춰 써 보세요.

잠포록한 날씨

잠포록한 날씨

이럴 때 이렇게!

- 한바탕 눈이라도 쏟아질 것 같은 잠포록한 날씨였습니다.
- 잠포록하던 하늘에서 갑자기 폭우가 쏟아지기 시작했다.

79 적바림

적바림은 나중에 참고하기 위해 글로 간단히 적어 두는 일이에요.
학교에서 알림장이나 공책에 쓰는 것도 적바림이지요.

바르게 따라 써 보세요.

생각나는 것은 적바림

생각나는 것은 적바림

해야 잊지 않는다.

해야 잊지 않는다.

아래 칸에 맞춰 써 보세요.

적바림해야 잊지 않는다.

적바림해야 잊지 않는다.

이럴 때 이렇게!

- 선생님의 말을 하나도 빠짐없이 적바림하였습니다.
- 지금 설명하는 일의 순서를 적바림해 두면 도움이 될 거야.

80 주저리주저리

주저리주저리는 너저분한 물건이 어지럽게 매달려 있는 모양이나
너저분하게 이것저것 이야기하는 모양을 일컫는 말이에요.

바르게 따라 써 보세요.

아이들은 주저리주저리 ∨
아이들은 주저리주저리

떠들어 댔다.
떠들어 댔다.

아래 칸에 맞춰 써 보세요.

주저리주저리 떠들다.
주저리주저리 떠들다.

이럴 때 이렇게!

- 필요 없는 이야기까지 주저리주저리 떠들어 대면 어떡하니?
- 주저리주저리 투덜대는 이야기를 듣고 있자니 점점 화가 났다.

81 줏대

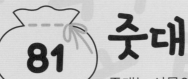

줏대는 사물의 가장 중요한 부분을 말하며,
자신의 처지나 생각을 꿋꿋이 지키고 내세우는 기질을 뜻해요.
사람이 줏대가 없으면 주변 사람들의 말에 흔들리기 쉬워요.

바르게 따라 써 보세요.

사람은 줏대가 있어야 ∨
사람은 줏대가 있어야

마음이 흔들리지 않아.
마음이 흔들리지 않아.

아래 칸에 맞춰 써 보세요.

사람은 줏대가 있어야 한다.
사람은 줏대가 있어야 한다.

이럴 때 이렇게!

- 줏대가 없으면 좋은 글을 쓰기 힘들다.
- 쉽게 마음을 바꾸는 삼촌을 보고 아버지는 '줏대 없는 녀석'이라고 하셨다.

82 쥐코밥상

쥐코밥상은 밥 한 그릇과 반찬 한두 가지만으로 아주 간단히 차린 밥상을 말해요.
쥐가 먹기에도 모자라서 코로 냄새만 맡을 정도의 밥상이라는 뜻이지요.

바르게 따라 써 보세요.

가난할 때는 쥐코밥상

가난할 때는 쥐코밥상

만 차려도 감사하다.

만 차려도 감사하다.

아래 칸에 맞춰 써 보세요.

쥐코밥상도 감사하다.

쥐코밥상도 감사하다.

이럴 때 이렇게!

- 한참 지나서 가보니 차려놓은 쥐코밥상에는 손도 대지 않았다.
- 비록 쥐코밥상이지만, 함께 밥을 먹는 것만으로도 기분이 좋았다.

83 진지

진지는 밥의 높임말이에요.
웃어른께는 밥을 진지라고 표현합니다.

바르게 따라 써 보세요.

“	할	아	버	지	,	진	지		드	세
“	할	아	버	지	,	진	지		드	세
요	.”									
요	.”									

아래 칸에 맞춰 써 보세요.

진지 드세요.

진지 드세요.

이럴 때 이렇게!

- 아버지는 동네 어르신께 “진지 잡수셨어요?” 하고 물어보셨다.
- 어머니는 할아버지 진지를 차려 드려야 한다며 발걸음을 서두르셨습니다.

84 짱짱하다

생김새가 다부지고 동작이 매우 굳세면 '짱짱하다'라고 말해요.
또 얼음이나 대나무처럼 단단하여 갈라지기 쉬운 물건을 가리키는 말이에요.

바르게 따라 써 보세요.

너	의		짱	짱	한		체	력	이	
너	의		짱	짱	한		체	력	이	
부	러	워	.							
부	러	워	.							

아래 칸에 맞춰 써 보세요.

짱짱한 체력

짱짱한 체력

이럴 때 이렇게!

- 풀을 잔뜩 먹인 종이는 하루가 지나자 짱짱하게 말랐습니다.
- 나도 운동선수처럼 짱짱한 체력을 갖고 싶어요.

재미있는 우리말 퀴즈

1 아래 글을 읽고, 올바른 우리말에 ○표 하세요.

1) 힘쓰는 것을 보니 (알심 / 알음) 있는 사람이다.

2) (애면글면 / 애오라지) 돈을 모아 무엇을 하려고 그러세요?

3) 슬픈 사연을 알게 되니 마음이 (애잔하다 / 여의다).

4) 조금 돌아가지만 (여울 / 에움길)로 가는 것이 어떨까?

5) 그는 쓸데없이 (연모 / 오지랖)이/가 넓은 것이 단점이다.

6) 열심히 일하는 모습을 보니 참 (옹근 / 자발없는) 사람이군.

7) 수업을 들으며 (적바림 / 우듬지)하는 것은 좋은 습관입니다.

8) 주어진 천을 (짱짱하게 / 잠포록하게) 펼치어라.

9) (줏대 / 알음)이/가 있어야 이리저리 휘둘리지 않습니다.

10) 어머니가 차려주신 (취코밥상 / 진지)이/가 그립습니다.

정답

1. 1) 알심 2) 애면글면 3) 애잔하다 4) 에움길 5) 오지랖 6) 옹근 7) 적바림 8) 짱짱하게 9) 줏대 10) 취코밥상

2 아래 낱말로 짧은 글짓기를 해 보세요.

1) 애면글면 :

2) 에움길 :

3) 우듬지 :

4) 적바림 :

5) 진지 :

3 다음 글에서 잘못 쓴 우리말을 찾아 고쳐 보세요.

엄마는 옆집 민수를 항상 에잔하게 여기셨습니다.
민수는 일찍이 부모를 여위고 할머니 손에 자랐습니다.
그래도 학교에서나 동네에서나 하는 행동이 영글어 어른들에게 항상 칭찬을 듣습니다. 엄마는 민수에게 개코밥상이라도 차려줘야겠다고 하시며, 민수를 불러오라고 하십니다. 나도 기쁜 마음으로 민수를 부르러 뛰어갔습니다.

정답

2. 1) 안 될 일에 애면글면 매달리지 말자. / 수연이는 아픈 강아지를 애면글면 돌봤습니다. 등등
2) 조용히 걷고 싶어 에움길로 돌아왔습니다. / 학교로 가는 에움길에 예쁜 들꽃이 한가득 피었습니다. 등등
3) 저 나무 우듬지에 올라가면 마을이 한눈에 보일 거야. / 새들은 우듬지에 둥지를 틀었습니다. 등등
4) 엄마가 불러주는 목록을 수첩에 적바림했다. / 숲해설가가 알려주는 동식물 이야기를 열심히 적바림했습니다. 등등
5) 할머니가 진지를 거르셨습니다. / 아버지, 진지 잡수세요. 등등

3. 에잔하게 → 애잔하게 / 여위고 → 여의고 / 영글어 → 옹글어 / 개코밥상 → 쥐코밥상

85 차림표

차림표는 식당이나 가게에서 파는 음식의 종류와 가격을 적은 표예요.
흔히 쓰는 '메뉴판'보다 '차림표'라는 우리말을 쓰세요.

바르게 따라 써 보세요.

차	림	표	를		보	고		음	식	을 ∨
차	림	표	를		보	고		음	식	을
골	라		주	세	요	.				
골	라		주	세	요	.				

아래 칸에 맞춰 써 보세요.

차림표를 보다.

차림표를 보다.

이럴 때 이렇게!

- 차림표에 적힌 음식들은 모두 내가 좋아하는 것들이었습니다.
- 언니는 맛있는 것을 골라 보라며 내게 차림표를 넘겨주었다.

86 찬바람머리

찬바람머리는 가을철에 싸늘한 바람이 불기 시작하는 무렵을 가리켜요.
아침저녁으로 찬바람이 부는 늦가을을 말하지요.
찬바람머리의 '머리'는 어떤 때가 시작될 무렵을 뜻합니다.

바르게 따라 써 보세요.

찬	바	람	머	리	에		감	기	를	
찬	바	람	머	리	에		감	기	를	
조	심	해	야		한	다	.			
조	심	해	야		한	다	.			

아래 칸에 맞춰 써 보세요.

찬바람머리에 감기 조심한다.

찬바람머리에 감기 조심한다.

이럴 때 이렇게!

- 찬바람머리가 되었는지 아침저녁으로 쌀쌀해졌다.
- 요즘 같은 찬바람머리에는 더욱 따뜻하게 입고 다녀야 합니다.

87 치렛거리

치렛거리는 여인이 몸치장을 하는 데 쓰는 물건, 즉 장식품을 뜻해요.
목걸이, 귀고리 등을 말하며 흔히 '액세서리'라고 해요.

바르게 따라 써 보세요.

예	쁜		치	렛	거	리	에		눈	을
예	쁜		치	렛	거	리	에		눈	을
떼	지		못	했	다	.				
떼	지		못	했	다	.				

아래 칸에 맞춰 써 보세요.

예쁜 치렛거리

예쁜 치렛거리

이럴 때 이렇게!

- 분이는 치렛거리 하나 마련하지 못한 채 시집을 갔습니다.
- 옛날에는 금, 은, 구리, 옥 등을 치렛거리로 만드는 데 사용했습니다.

88 치사랑

치사랑은 손아랫사람이 손윗사람을 사랑하는 것을 말해요.
자식이 부모를 사랑하는 일도 치사랑이에요.

반대말 **내리사랑 :** 손윗사람이 손아랫사람을 사랑하는 것으로, 부모가 자식을 사랑하는 것을 말해요.

바르게 따라 써 보세요.

치 사 랑 으 로 　 부 모 님 을

치 사 랑 으 로 　 부 모 님 을

모 셔 야 　 해 .

모 셔 야 　 해 .

아래 칸에 맞춰 써 보세요.

치사랑으로 부모님을 모신다.

치사랑으로 부모님을 모신다.

이럴 때 이렇게!

- 나를 힘들게 길러주신 부모님께 치사랑으로 보답해야겠습니다.
- 옛말에 '내리사랑은 있어도 치사랑은 없다.' 고 했습니다.

89 톺아보다

샅샅이 더듬고 뒤지면서 살피는 것을 '톺아보다'라고 해요.
책을 읽을 때나 어떤 일을 할 때에도 관심 있게 톺아보아야 하지요.

바르게 따라 써 보세요.

아무리 톺아보아도 신

아무리 톺아보아도 신

발이 보이지 않았다.

발이 보이지 않았다.

아래 칸에 맞춰 써 보세요.

톺아보아도 보이지 않았다.

톺아보아도 보이지 않았다.

이럴 때 이렇게!

- 산속에서 빠져나갈 길을 톺아보며 기회만 기다렸습니다.
- 우리나라 경제가 어떻게 흘러가고 있는지 톺아보는 시간이 필요하다.

90 푸서리

푸서리는 잡초가 무성하고 거친 땅이에요.
잘 가꾸던 땅도 사람의 보살핌이 없으면 금세 푸서리가 되고 말지요.

바르게 따라 써 보세요.

아주머니는 푸서리를
아주머니는 푸서리를

가꿔 텃밭을 만드셨다.
가꿔 텃밭을 만드셨다.

아래 칸에 맞춰 써 보세요.

푸서리를 텃밭으로 만들었다.
푸서리를 텃밭으로 만들었다.

이럴 때 이렇게!

- 산 중턱의 푸서리에서 멧돼지 소리가 들리기 시작했어요.
- 어머니는 푸서리와 진배없는 밭을 보며 한숨을 쉬었습니다.

91 풀땜질

풀땜질은 근본적인 수습은 하지 않고 임시방편으로 수습하여 넘어가는 일을 비유하는 말이에요. 금이 간 그릇이나 터진 옷을 풀로 붙여 때우면 금방 잘못되지요. 이처럼 적당히 얼버무리고 넘어가는 것을 풀땜질이라고 합니다.

바르게 따라 써 보세요.

풀땜질하듯이 얼렁뚱땅∨

풀땜질하듯이 얼렁뚱땅

넘어갈 수 없어.

넘어갈 수 없어.

아래 칸에 맞춰 써 보세요.

풀땜질하듯이 넘어갈 수 없다.

풀땜질하듯이 넘어갈 수 없다.

이럴 때 이렇게!

- 지난번처럼 이번 일을 풀땜질하고 넘어간다면 더욱 큰 사고로 이어질 수 있습니다.
- 눈 가리고 아웅 한다고 풀땜질로 얼마나 버티는지 두고 보자.

92 풋낯

풋낯은 서로 낯이나 익힐 정도로 아는 사이를 말해요.
아는 사이지만 반갑게 인사하기는 쑥스러운,
그런 사이를 풋낯이라고 해요.

바르게 따라 써 보세요.

저 아이와는 아직 풋낯이야.

저 아이와는 아직 풋낯이야.

아래 칸에 맞춰 써 보세요.

아직 풋낯이다.

아직 풋낯이다.

이럴 때 이렇게!

- 나와는 풋낯이나 다름없는 사람이지만, 외국에서 만나니 정말 반가웠다.
- 그는 풋낯이었던 사람이었는데, 어느새 친형제처럼 친해졌습니다.

93 하늬바람

하늬바람은 서쪽에서 불어오는 바람이에요.
맑은 날 서쪽에서 불어오는 서늘하고 건조한 바람을 뜻해요.

반대말 **마파람 :** 남쪽에서 불어오는 바람을 뜻하며, 물기를 많이 머금은 바람이에요.

바르게 따라 써 보세요.

여	름	이		지	나		서	늘	한	
여	름	이		지	나		서	늘	한	
하	늬	바	람	이		불	어	왔	다	.
하	늬	바	람	이		불	어	왔	다	.

아래 칸에 맞춰 써 보세요.

서늘한 하늬바람

서늘한 하늬바람

이럴 때 이렇게!

- 하굣길에 부는 하늬바람 덕에 땀이 식으며 기분도 좋아졌다.
- 하늬바람에 억새들이 이리저리 흩날리고 있는 것이 보였습니다.

94 한길

한길은 사람이나 차가 많이 다니는 넓은 길이에요.
한길에서는 길을 건널 때 차를 잘 살펴야 해요.

바르게 따라 써 보세요.

한길에서 자전거를 타면 위험해요.

한길에서 자전거를 타면 위험해요.

아래 칸에 맞춰 써 보세요.

한길은 위험해요.

한길은 위험해요.

이럴 때 이렇게!

- 휴가철이라서 그런지 평소에는 복잡하기만 했던 한길이 한산하게 느껴졌다.
- 정부의 정책에 불만을 품은 사람들은 한길을 막고 시위를 하기 시작했습니다.

95 한무릎공부

한무릎공부는 한동안 착실히 하는 공부를 말해요.
앉은뱅이책상에서 무릎을 꿇은 자세를 바꾸지 않고
인내심 있게 한 자세로 공부하는 것을 뜻하는 말이에요.

바르게 따라 써 보세요.

방학 내내 한무릎공부를 했습니다.

방학 내내 한무릎공부를 했습니다.

아래 칸에 맞춰 써 보세요.

한무릎공부를 했다.

한무릎공부를 했다.

이럴 때 이렇게!

- 누가 뭐래도 한무릎공부를 하더니 결국 고시에 합격했구나!
- 다른 일은 신경 쓰지 말고, 너는 한무릎공부만 하거라.

96 한올지다

한 가닥의 실처럼 매우 가깝고 친밀한 사이를 '한올지다'라고 해요.
친구와 남매끼리도 한올지게 지내야 하지요.

바르게 따라 써 보세요.

나는 은솔이와 한올지

나는 은솔이와 한올지

게 지낸다.

게 지낸다.

아래 칸에 맞춰 써 보세요.

한올지게 지낸다.

한올지게 지낸다.

이럴 때 이렇게!

- 어머니와 이모는 한올진 사이입니다.
- 신랑과 신부는 결혼을 약속하며 한올지게 살겠다고 다짐합니다.

97 해거름

해거름은 해가 서쪽으로 기울 때를 말해요.
서쪽의 산등성이에 해가 걸려 있을 무렵이지요.

비슷한 말 **해넘이 :** 해가 막 넘어가는 때를 말하며, 해거름보다 조금 늦은 때를 가리켜요.

바르게 따라 써 보세요.

해	거	름	이		되	니		날	씨	가 ∨
해	거	름	이		되	니		날	씨	가
쌀	쌀	하	다	.						
쌀	쌀	하	다	.						

아래 칸에 맞춰 써 보세요.

해거름에 날씨가 쌀쌀하다.

해거름에 날씨가 쌀쌀하다.

이럴 때 이렇게!

- 되도록 사람들 눈에 띄지 않게 해거름에 출발하자.
- 낮에는 그렇게 무덥더니 해거름이 되면서 추워지네요.

98 허방

허방은 땅바닥이 움푹 패어 빠지기 쉬운 구덩이를 말해요.
그 밖에 '허방 짚다'는 잘못 예상하여 일을 실패하다는 뜻이며,
'허방 치다'는 바라던 일이 실패로 돌아갔을 때 쓰는 말이에요.

바르게 따라 써 보세요.

공	사		중	인		길	에		허	방
공	사		중	인		길	에		허	방
이		많	으	니		조	심	하	세	요.
이		많	으	니		조	심	하	세	요.

아래 칸에 맞춰 써 보세요.

허방이 많으니 조심하세요.

허방이 많으니 조심하세요.

이럴 때 이렇게!

- 눈이 어두운 할아버지가 허방에 빠지셨다.
- 잘못될까 봐 전전긍긍하던 일이 결국은 허방 치고 말았다.

99 헤살

헤살은 남의 일을 짓궂게 방해하는 짓을 이르는 말이에요.
'헤살 놓다', '헤살 부리다' 등으로 표현합니다.

바르게 따라 써 보세요.

이번에도 헤살을 부리면 가만 안 둬!

이번에도 헤살을 부리면 가만 안 둬!

아래 칸에 맞춰 써 보세요.

헤살을 부리다.

헤살을 부리다.

이럴 때 이렇게!

- 여자아이들이 인형놀이를 하고 있으면 어느새 나타나 헤살을 놓고 달아났어요.
- 또다시 헤살을 부리면 가만두지 않겠다고 엄포를 놓았다.

100 활개

활개는 사람의 활짝 편 두 팔과 다리, 새의 활짝 편 두 날개를 뜻해요.
'활개 친다'는 힘차게 두 팔을 앞뒤로 흔들며 걷는 모습이나,
의기양양하게 행동하는 것을 말해요.

바르게 따라 써 보세요.

동생과 놀이터에서 활

동생과 놀이터에서 활

개 치며 놀았다.

개 치며 놀았다.

아래 칸에 맞춰 써 보세요.

활개 치며 놀았다.

활개 치며 놀았다.

이럴 때 이렇게!

- 창수는 경찰관 아버지를 믿고서 동네를 활개 치며 돌아다녔다.
- 기쁜 소식을 들은 형은 두 활개를 저으며 걸음을 빨리했다.

재미있는 우리말 퀴즈

1 아래 글을 읽고, 올바른 우리말에 ○표 하세요.

1) 먹고 싶은 음식을 (치렛거리 / 차림표)에서 골랐습니다.

2) (치사랑 / 찬바람머리)에 감기가 드는 법이란다.

3) (치렛거리 / 치사랑)로/으로 한껏 치장한 여인이 들어왔습니다.

4) 금이 간 조각상을 면밀히 (톺아보았다 / 풀땜질했다).

5) 소중한 밭이 (푸서리 / 풋낯)이/가 되어 버렸습니다.

6) (하늬바람 / 한길)에서 큰 축제가 시작되고 있었습니다.

7) (한무릎공부 / 허방)을/를 하더니 결국 성공했습니다.

8) 어느새 뉘엿뉘엿 (해거름 / 헤살)이 되었다.

9) 창수는 (허방 / 헤살)이 취미인 장난꾸러기이다.

10) 요즘 도둑들이 (활개 / 한올) 치며 돌아다닌다고 한다.

정답

1. 1) 차림표 2) 찬바람머리 3) 치렛거리 4) 톺아보았다 5) 푸서리 6) 한길 7) 한무릎공부
8) 해거름 9) 헤살 10) 활개

2 아래 낱말로 짧은 글짓기를 해 보세요.

1) 찬바람머리 :

2) 푸서리 :

3) 한무릎공부 :

4) 해거름 :

5) 활개 :

3 다음 글에서 잘못 쓴 우리말을 찾아 고쳐 보세요.

학원에서 오는 길에 전학 온 민정이를 만났습니다. 민정이는 반갑게 인사하며 나를 햇길에 새로 생긴 분식집으로 데리고 갔습니다. 그리고 메뉴판을 보고 떡볶이, 튀김, 순대 등을 주문했습니다. 음식을 다 먹은 후, 밖으로 나오니 기분 좋게 하니바람이 불어왔습니다. 왠지 민정이와 어올진 사이가 될 것 같습니다.

정답

2. 1) 찬바람머리라 날씨가 춥구나. / 찬바람머리에 젖은 옷을 입고 돌아다니면 감기에 걸린다. 등등
2) 승철이의 머리는 꼭 푸서리 같았다. / 염소는 푸서리를 향해 뛰어갔습니다. 등등
3) 한무릎공부를 해도 시험에 붙을까 말까다. / 어머니는 한무릎공부를 하는 아들이 자랑스러웠습니다. 등등
4) 어느새 해거름이 되었구나. / 해거름이 되기 전에 집으로 돌아오너라. 등등
5) 활개 치며 돌아다니는 꼴이 가관이다. / 독수리는 멋진 활개를 펴고 하늘로 날아올랐다. 등등

3. 햇길 → 한길 / 메뉴판 → 차림표 / 하니바람 → 하늬바람 / 어올진 → 한올진

지은이 **키즈키즈 교육연구소**

기획과 편집, 창작 활동을 전문으로 하는 유아동 교육연구소입니다.
어린이들이 건강한 생각을 키우고 올곧은 인성을 세우는 데 도움이 되는
교육 콘텐츠를 개발하고 있습니다. 즐기면서 배울 수 있는 프로그램 개발에도
힘쓰고 있으며, 단행본과 학습지 등 다양한 분야에서 활동하고 있습니다.

하루 10분 맞춤법 따라쓰기

4단계 재미있는 우리말

중쇄 인쇄 | 2024년 12월 24일
중쇄 발행 | 2024년 12월 30일
지은이 | 키즈키즈 교육연구소
펴낸이 | 박수길
펴낸곳 | (주)도서출판 미래지식
기획 편집 | 이솔 · 김아롬
디자인 | design Ko

주소 | 경기도 고양시 덕양구 통일로 140 삼송테크노밸리 A동 3층 333호
전화 | 02)389-0152
팩스 | 02)389-0156
홈페이지 | www.miraejisig.co.kr
이메일 | miraejisig@naver.com
등록번호 | 제2018-000205호

*이 책의 판권은 미래지식에 있습니다.
*값은 표지 뒷면에 표기되어 있습니다.
*잘못된 책은 구입하신 서점에서 바꾸어 드립니다.

ISBN 979-11-90107-24-2 64700
ISBN 979-11-90107-20-4 (세트)

*미래주니어는 미래지식의 어린이책 브랜드입니다.